AF226342

COMMENT FINIRA LA GUERRE ?

DEUX LETTRES DIPLOMATIQUES

DE

M. LE VICOMTE DE LA GUÉRONNIÈRE

Ancien Ambassadeur de France à Constantinople

SE VEND AU PROFIT DES BLESSÉS

Prix : **50** centimes

EN VENTE CHEZ TOUS LES LIBRAIRES

BORDEAUX

IMPRIMERIE CENTRALE A. DE LANEFRANQUE

Rue Permentade, 23-25.

1870

AVIS DE L'ÉDITEUR

Nous avons demandé à M. le Vte de La Guéronnière l'autorisation de publier, en brochure, les deux lettres sorties de sa plume, et qui sont tombées dans la publicité, sans y être destinées.

M. de La Guéronnière a consenti à cette publication, en nous exprimant le vœu que le produit de la vente fût consacré à nos blessés.

Nous nous associons avec empressement à cette pensée, qui répond si bien au sentiment de patriotisme dont cette correspondance porte la noble empreinte. En aidant à la propager, nous croyons nous-même remplir un devoir.

Il n'était pas possible de démontrer avec plus de précision, de clarté et d'éloquence, le danger que feraient courir à l'Europe les ambitions de la Prusse. Après cette démonstration si décisive, et qui a si vivement impressionné l'opinion publique, on saura que si des médiations, tôt ou tard inévitables, s'imposent aux belligérants, ce n'est pas la France qui demande ou accepte un appui, mais l'Europe qui veut assurer son propre salut.

Bordeaux, le 24 octobre 1870.

Un Membre éminent de la diplomatie européenne, ayant écrit à M. le Vte de La Guéronnière,
à propos de son arrestation à Marseille, et lui
ayant demandé son appréciation sur les conséquences de la guerre, a reçu de notre ancien
ambassadeur à Constantinople la réponse suivante,
publiée par les journaux :

COMMENT FINIRA LA GUERRE?

PREMIÈRE LETTRE

Mon cher ancien Collègue,

L'incident de Marseille n'est pas pour moi sans compensation, puisqu'il m'a valu votre sympathique émotion, en vous suggérant la pensée de reprendre nos causeries d'autrefois, interrompues par mon séjour en Orient. Pour ce témoignage si précieux, je vous dis merci, et je vous prie de me permettre de ne pas ajouter un mot de plus. Nous sommes jetés dans l'une de ces crises qui imposent l'abnégation, la patience et l'oubli de soi-même, et c'est la conscience de cette situation qui excite dans tous les esprits les anxiétés dont le vôtre est agité. Mais, laissez-moi vous le dire, les gouvernements de l'Europe qui ont eu le droit incontestable de s'isoler d'un conflit qu'ils avaient blâmé, ne se rendent pas exactement compte, à l'heure actuelle, de ses conséquences extrêmes; et rien ne le prouve mieux que cette question par laquelle vous terminez votre lettre : « Comment finira la guerre? »

Ne le voyez-vous pas ? Ne le sait-on pas à Londres, où la politique anglaise est toujours si clairvoyante pour les affaires qui l'intéressent ? Le bon sens l'indique, et voici ce qu'il vous répond :

« Si la guerre ne finit pas par l'expulsion des Prussiens,
» soit que nous ayons assez de force pour les repousser,
» soit qu'ils aient assez de modération pour se retirer après
» une paix honorable, elle finira par là destruction de
» l'Europe. »

Destruction de l'Europe ou maintien de l'unité française, tels sont les termes qui résument d'une façon précise et absolue, les conséquences politiques de cette lutté terrible, qui, en deux mois, a ébranlé l'œuvre de deux siècles, en broyant sous les pieds d'une armée victorieuse de huit cent mille soldats, toutes les bases fondamentales du droit public.

Pourrons-nous dénouer ce redoutable problème, en faisant rentrer dans l'unité française les riches provinces et les glorieuses cités que nous n'avons pu défendre ? Pourrons-nous arracher aux Prussiens cette ruine héroïque, Strasbourg, que M. de Bismark veut garder comme « la clef de notre maison ? » Il serait impie d'en désespérer ; mais il serait puéril de ne pas prévoir les efforts immenses et les douloureux sacrifices d'une telle entreprise. La France s'y attend et elle y paraît résolue.

Mais si cependant la victoire nous trompait encore, et que la France dût succomber, alors, je vous l'ai dit et je vais vous le démontrer, ce sera la chute de l'Europe.

Après Sadowa, la médiation de la France a sauvé l'Europe, en arrêtant la Prusse victorieuse sur la route de

Vienne. L'Autriche perdait sa domination en Italie, et c'était pour elle un avantage. Elle perdait aussi sa place dans la Confédération Germanique. Mais, unie à la Hongrie, elle restait un grand empire et elle retrouvait dans la concentration des éléments dont elle se compose, la compensation de ses sacrifices.

Sadowa a restreint et transformé l'action de l'Autriche en Europe ; il en a déplacé le pivot, en la séparant de la Russie et de la Prusse et en la posant, entre ces deux puissances, comme un contre-poids de l'excès de leurs forces.

Mais l'Autriche ne peut remplir ce rôle au centre de l'Europe, qu'à la condition de trouver en Occident l'appui moral de l'influence politique de la France et de l'Angleterre.

Ainsi donc, il existe entre l'Autriche, la France et l'Angleterre, un lien commun formé par des intérêts identiques. L'affaiblissement de l'une de ces trois grandes puissances serait, pour les deux autres, un irréparable dommage ; car, en brisant la balance européenne, il amènerait nécessairement une autre distribution des forces dont elle se compose.

La France, couverte par la neutralité de la Belgique, par celle du Luxembourg et de la Suisse, mais ouverte sur sa frontière de l'Est, a le *minimum* de ses garanties. Si elle perd Strasbourg et Metz, elle n'est pas seulement réduite, elle est mutilée et humiliée. Son unité s'effondre comme s'écroule un édifice d'où l'on retire une pierre angulaire. A côté d'elle s'élève un grand Empire qui s'étend jusqu'à la Meuse et qui, formé d'une partie d'elle-même, 'serait le témoignage permanent de sa déchéance, et le gardien implacable de sa servitude.

La France ne supporterait pas cette extrêmité ; elle s'agiterait sans cesse dans les convulsions de sa déchéance ; elle s'y consumerait, elle y périrait : en un mot, elle ne serait plus la France.

Avez-vous bien pensé, mon cher ancien collègue, à ce que deviendrait l'Europe sans la France ? Elle ne serait plus l'Europe ; elle ne serait pas conquise, mais décomposée.

L'Autriche, isolée dans son rôle dc résistance et dc pondération, s'écroulerait sous le poids de l'Empire germanique, attirant à lui les provinces allemandes, tandis que les éléments Slaves se grouperaient sous la domination Russe ; elle deviendrait le royaume de Hongrie.

Quant à l'Angleterre, sa décadence ne serait ni moins certaine ni moins rapide, et le mouvement de bascule qui élèverait à une prépondérance partagée l'Empire Russe et l'Empire germanique, la ferait tomber dans le même abaissement où nous serions précipités nous-mêmes. Puissance coloniale et maritime, l'Angleterre ne maintient sa domination dans les Indes, n'établit ses comptoirs, n'ouvre à son commerce les échanges et les débouchés qui en assurent la fortune, qu'en raison de l'influence politique qu'elle exerce en Europe. Après avoir vécu longtemps de sa rivalité avec la France, c'est par son accord avec elle, qu'elle maintient sa grandeur.

Cet accord dont la campagne de Crimée fut le glorieux résultat, est la garantie nécessaire de son influence en Orient. Admirablement placée dans l'asile inviolable que lui a créé la nature, entre les mers qui l'entourent, pour exercer cet arbitrage moral qui lui donne en autorité diplomatique ce qu'elle ne peut acquérir par des extensions territoriales, elle a en Belgique, en Hollande, en Grèce, des clients toujours disposés à accepter ses services ou à suivre ses conseils. Sans s'engager jamais dans les affaires périlleuses ou délicates, elle se réserve presque toujours l'honneur de leur solution pacifique. Elle contient les rivalités des grands Etats, elle protége les droits des Etats secondaires, elle prévient les conflits, elle les apaise, et s'il éclate une guerre comme celle qui consterne en ce moment le monde, c'est d'elle que la civilisation et l'humanité attendent la parole de concorde et de justice qui doit rétablir la sécurité générale.

Voilà le rôle que perdrait l'Angleterre, si la chute de la France faisait disparaître cet équilibre européen dont toutes les combinaisons sont si favorables à sa grandeur politique et à sa souveraincté maritime.

L'Italie serait encore plus atteinte ; son unité, dont Rome qui devait être le couronnement sera peut-être un jour l'écueil, ne saurait la protéger contre l'Empire d'Allemagne attirant à lui les populations allemandes de l'Autriche, absorbant la Bavière et s'avançant sur l'Adriatique pour faire de Trieste la rivale de Venise.

Ainsi, dans le plan que la Prusse victorieuse trace à l'Europe, l'Autriche, l'Angleterre, la France, l'Italie, l'Espagne ne forment plus que des aggrégations incomplètes, sans lien, sans cohésion, en dehors des conditions naturelles de leur existence historique et de leurs intérêts permanents. Les Etats secondaires comme la Suède, le Danemark, la Grèce, la Belgique, la Hollande, la Suisse, placés entre les grandes nations comme des intermédiaires libres de leurs rapports et des sauvegardes de leur indépendance, seraient paralysés dans ce nouveau mécanisme. Tôt ou tard ils perdraient leur place sur la carte : ils commenceraient par être subordonnés avant d'être annexés.

A la place de cette Europe formée par les siècles, et qui est l'œuvre de la nature et de l'histoire, où la conquête a été limitée par le droit des races et la liberté des peuples, il y aurait deux grandes dictatures, l'une assise sur l'Asie, s'avançant sur le Danube, dominant la Méditérranée, l'autre partant du Niémen, effaçant le Mein, dépassant le Rhin, atteignant la Meuse, visant au Zuiderzée et, dans ce vaste plan, ne laissant subsister les petits Etats qu'à titre de satellites de sa domination. Toutes les deux s'assimilant les races pour les assujétir, absorbant le Panslavisme et le Germanisme « l'un créant l'autre » suivant la juste remarque de M. Renan.

Voilà l'Europe telle que la ferait la défaite définitive de la France et la réalisation du plan de M. de Bismark.

Comment la Russie, qui a montré jusqu'ici tant de réserve et qui semblait se détourner de l'Orient pour développer sa puissance en Asie, peut-elle être amenée à changer tout-à-coup sa politique et à devenir l'auxiliaire de la Prusse dans la grande perturbation dont l'Europe est menacée? C'est là un point important qui présente un intérêt particulier et que je traiterai dans une seconde lettre.

Agréez, cher ancien collègue, l'expression de mes sentiments tout dévoués.

LA GUÉRONNIÈRE.

Arcachon, 8 octobre 1870.

—

Mon cher ancien Collègue,

Il me reste à bien définir le rôle de la Russie dans la crise présente. Je veux vous dire aussi ce que je pense des médiations probables et peut-être prochaines, qui peuvent ramener quelques chances de paix. Ce point mérite toute votre attention, car il importe que les hommes placés comme vous, sachent bien qu'une médiation ayant pour but d'apporter un secours tardif à la France, ne serait ni digne, ni opportune, ni acceptable ; elle ne peut se produire désormais qu'au nom de l'Europe, par son initiative et pour son salut.

Il ne serait pas juste d'imputer à la Russie la responsabilité de cette situation extrême. Elle n'a rien fait pour l'amener. Depuis la guerre de Crimée, la Russie a donné ce rare et grand exemple d'un peuple plus appliqué à réparer ses forces, qu'à venger ses défaites. Elle ne s'est mêlée de rien ; elle a laissé passer les occasions qui pouvaient le plus la tenter ; elle est restée impassible, en 1859 comme en 1866, quand deux grandes guerres battaient en brèche les traités de 1815.

Aujourd'hui la Russie est prête. Elle n'attendait pas la guerre de 1870 ; elle ne prévoyait pas surtout nos revers, et j'ajoute, en toute sincérité, qu'elle ne les désirait pas ; mais pour admettre qu'elle n'en profitât pas, il faudrait la supposer capable d'oublier toutes ses traditions, et de sacrifier ses intérêts les plus essentiels.

On a dit que la Prusse et la Russie étaient liées par un traité secret. — Il n'en est rien, — et j'ai la certitude que M. Thiers confirmera cette appréciation, au retour de son patriotique voyage. Le véritable traité entre Berlin et Pétersbourg, ce n'est pas la diplomatie qui l'a écrit, c'est la guerre qui l'a fait naître. La Prusse ne l'a ni proposé ni accepté : elle l'a imposé par les exigences qu'elle avait laissé pressentir avant la capitulation de Sedan, et qu'elle a avouées dans la douloureuse et mémorable entrevue de Ferrières.

Ce serait cependant une grave erreur de croire que la Russie est à la veille d'entrer en scène par une intervention militaire en Orient, où elle rencontrerait la résistance très-résolue de la Turquie, dont l'armée, et surtout la marine, ont fait de très-notables progrès, sous l'impulsion du Sultan éclairé qui la gouverne. Il ne saurait être dans les desseins du prince Gortschakow d'agrandir le théâtre de la guerre actuelle, et de provoquer contre la Russie, quand la Prusse est engagée avec la France, l'union de l'Angleterre et de l'Autriche. Plus habile est sa politique ; plus patiente est son ambition. La Russie n'avait aucune hâte de faire revivre la question d'Orient. Elle la subit plus qu'elle ne la recherche ; mais, à mesure que l'invasion prussienne s'étend sur le sol français, l'influence russe grandit sur le Bosphore, et le jour où le roi de Prusse, repassant le Rhin, s'arrêterait à Aix-la-Chapelle et prendrait, sur le tombeau de Charlemagne, le sceptre du Saint-Empire, pour le transporter à Berlin, ce jour-là la Russie serait moralement à Constantinople.

Il n'est pas de démenti diplomatique qui puisse atténuer la certitude de cette hypothèse. Elle est absolue comme une déduction mathématique. Quand la guerre a éclaté, la Russie avait à choisir entre deux politiques ; elle pouvait contenir l'élan de la Prusse, modérer ses exigences ou bien les contrebalancer par l'expansion de sa politique en Europe. N'ayant pas adopté la première de ces deux politiques, elle est nécessairement entraînée vers l'autre. En laissant au futur Empire d'Allemagne la possession de Kiel qui l'enferme dans le golfe de Finlande, elle est tenue de reprendre à la Turquie les clefs de la mer Noire que la chute de Sébastopol a fait tomber de ses mains.

Donc, tenez cela pour certain, l'Empire Russe dominera la Méditerranée, le jour où la Prusse, absorbant l'Allemagne et mutilant la France, deviendrait l'Empire Germanique.

Ainsi s'accomplirait la destruction de l'Europe.

Mais l'Europe ne pourrait pas crouler elle-même, sans entraîner une autre conséquence que les esprits clairvoyant aperçoivent déjà. En même temps que l'Ancien Monde subirait cette transformation radicale le Nouveau-Monde serait soulevé et entraîné par cette secousse, hors des limites où la force organisée de l'Europe l'a seule contenue. L'Amérique acquerrait dans l'Océan toute l'influence que l'empire Russe prendrait sur la Méditerranée. Ces deux colosses assis, l'un sur la mer Noire et le Bosphore, l'autre sur l'Atlantique, se partageraient la domination des mers, et la puissance coloniale de l'Europe occidentale s'évanouirait avec sa puissance politique.

Ai-je répondu, cher ancien collègue, à votre question ainsi posée : Comment finira la guerre ?

Mon pays a la dignité de son malheur. Il ne compte sur aucun appui. Lui, qui a tant donné aux autres, n'attend rien de personne. La France fera son devoir. Si elle se relève, elle n'en aura que plus de gloire. Si elle succombe, elle tombera avec son droit intact, indivisible, immortel. Elle tombera de l'une de ces chutes qui mettent la conscience et la postérité du côté des vaincus, et qui leur laisse l'imprescriptible recours du temps, de l'avenir et de la justice de Dieu.

Quant à l'Europe, elle reconnaîtra bientôt que son excès de réserve n'a été qu'un défaut de prévoyance. Après Sedan, elle avait une rare occasion d'imposer son arbitrage par l'autorité morale de l'intérêt supérieur qu'elle réprésente. M. Jules Favre, en prenant la direction des affaires étrangères, désavouait la guerre et proposait la paix. Il s'inclinait devant la liberté de l'Allemagne. Il lui sacrifiait notre politique séculaire, et il ne revendiquait que l'intégralité de la France.

Il devenait évident que la Prusse, en poussant la guerre plus loin, en la portant sous les murs de Paris, lui imprimait un caractère nouveau qui allait au-delà du but qu'elle s'était tracé. Il ne s'agissait plus pour elle de conquérir le droit de soumettre à sa domination toutes les races germaniques et de placer leur organisation future en dehors de nos intérêts comme des règles du droit européen; il s'agissait de réduire la France et, par conséquent de changer toutes les conditions organiques de l'Europe.

C'était l'heure d'une médiation sérieuse et résolue, s'interposant entre les belligérants au nom de la sécurité de tous. Je le dis à l'honneur d'un gouvernement dont j'ai pu apprécier de près les loyales intentions; la Turquie a noblement compris ce devoir, et l'homme d'Etat qui la gouverne avec la double autorité que lui donnent la confiance de son souverain et le respect de l'opinion, Aali-Pacha avait à peine lu la circulaire diplomatique de M. Jules Favre, qu'il adressait à tous les cabinets l'appel le plus noble et le plus pressant. Quand ces négociations seront du domaine de l'histoire, on connaîtra ce document, et l'on s'étonnera qu'il n'ait pas rencontré une adhésion unanime. Si l'Angleterre, qui avait des motifs, peut-être, pour ne pas prendre l'initiative, eût énergiquement soutenu la proposition ottomane, elle eût entrainé l'appui de toutes les puissances neutres, dont l'imposant accord rendait à ce moment la paix inévitable.

Cette tentative peut-elle se reproduire aujourd'hui? Les puissances neutres comprendront-elles mieux ce qui les menace et ce qui les oblige? Sont-elles en mesure de faire échouer des ambitions dont elles aperçoivent le but, et dont elles auraient dû prévoir le péril? Je crois que c'est encore possible; je crois que la Russie elle-même aurait assez de sagesse, pour préférer l'apaisement du monde aux compensations que lui réserve la continuation

de la lutte. Je crois surtout que, si l'Angleterre se met à la tête de cette intervention diplomatique, elle a de grandes chances de réussir. Qui sait même si elle ne répondrait pas à des impressions nouvelles et à des désirs secrets au quartier-général du roi de Prusse ? La médiation aurait un puissant et nouvel allié, c'est Paris dont la résistance inattendue et les combats héroïques doivent déjà faire réfléchir un esprit aussi perspicace que celui du comte de Bismark.

Mais au point où en sont les choses, après tant de sang versé, après tant de ruines et de malheurs, ce n'est pas pour nous, c'est pour elles-mêmes que la plupart des puissances neutres agiraient. Il est trop tard pour nous aider. L'heure est passée où des alliances dignes et fortes pouvaient assurer le but légitime de la guerre, c'est-à-dire un état de l'Europe qui, en sauvegardant tous les droits, n'en livrât la prépondérance à aucune ambition. Je sais bien qu'autour de l'Empereur et dans une partie de l'opinion, s'agitaient d'autres pensées, et que la frontière du Rhin était considérée comme le prix de la victoire.

Mais j'ai la conviction que la France victorieuse, inspirée par une plus haute prévoyance, aurait souscrit à une paix qui lui aurait donné des satisfactions plus désintéressées, mais plus durables, et, suivant moi, plus conformes à sa véritable grandeur.

Vous, cher ancien collègue, dont le crédit diplomatique est si justement accepté, donnez l'éveil du péril public et le signal de la défense commune. Dites que, si le sang Français coule seul, la liberté des peuples, l'indépendance des Etats sont attachés à cette lutte dans laquelle nous avons l'honneur de combattre et de mourir pour le droit et la civilisation. Dites que, si nous succombons, l'histoire aura deux crimes à enregistrer, le meurtre de la France et le suicide de l'Europe.

Agréez, mon cher ancien collègue, l'expression de tous mes sentiments bien dévoués.

LA GUÉRONNIÈRE.

Arcachon, 16 octobre 1870.

Bordeaux.— Imprimerie centrale A. DE Lanefranque, rue Permentade, 23-25.